THÈSE

POUR

LA LICENCE.

TOULOUSE,
TYPOGRAPHIE TROYES OUVRIERS RÉUNIS,
RUE SAINT-PANTALEON, 3.

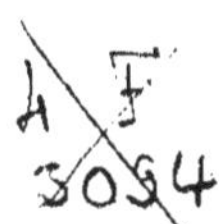

A LA MÉMOIRE DE MON GRAND-PÈRE!

A MON PÈRE, A MA MÈRE,

A MES FRÈRES, A MA SŒUR,

A MES PARENTS, A MES AMIS.

FACULTÉ DE DROIT DE TOULOUSE.

ACTE PUBLIC

POUR

LA LICENCE

En exécution de l'Article 4, Titre 2, de la Loi du 22 Ventôse an XII.

SOUTENU PAR

M. BAILE (Henri-Samson),

Né à Tarbes (Hautes-Pyrénées).

Jus Romanum.

INST. LIB. II, TIT. XXIII.

De fideicommissariis hereditatibus.

GAIUS, II, 246... 259, 268, 289. — PAUL SENT. IV, 2 ET 3. — PANDECT. LIB. XXXI 1°, 2°, 3°. — COD. LIB. VI, TIT. XLII.

Ulpianus definivit fideicommissum « quod non civilibus verbis, sed precativè relinquitur, nec ex rigore juris civilis proficiscitur, sed ex vo-

1855

luntate datur relinquentis. » Contrà in hereditatibus et legatis requirebantur verba directa et civilia, id est imperativa.

Fideicommissum in universale et singulare dividitur : est universale quandò vel tota hereditas vel ejus pars relinquitur, quod *fideicommissarias hereditates* Justinianus eleganter appellat ; singulare, quandò res singulares, veluti genus, species aut quantitas relinquitur, quod jurisconsulti romani fideicommissum singulæ rei vocant, commentatores autem fideicommissum particulare seu potiùs singulare.

In hoc præsenti titulo de universalibus sive fideicommissariis hereditatibus agitur. Primùm fideicommissi originem ostendam.

Antè Augusti tempora, fideicommissi nullam vim obligandi habebant ; astringebatur nullo vinculo juris civilis is cui incumbebat, solùm verò fide, probitate ac religione.

Aut in peregrinatione aut in gratificandis incapacibus fideicommissis utebantur cives romani ; multi erant incapaces lege : deditices, Latini Juniani, omnes qui cives non erant, omnesque quos lex Voconia heredes instituere non permiserat. Commodissimè igitur fideicommisso agebatur et frequenter. Quod imperando testator facere nequibat, bonæ fidei committebat, precativis verbis ; potentesque hereditatem testamento capere heredes instituebat, rogans ut incapaci hereditatem totam vel partem ejus remitterent, quod sæpe fiduciarius jurejurando per Jovem et Lares, republicâ manente, per salutem, per genium principis, Cæsare imperante, promittebat. Itaque Augustus consules demum auctoritatem jussit interponere, quod, quia populare erat, conversum in assiduam jurisdictionem, nam Claudius prætorem creavit qui fideicommissis jus diceret et, hâc ratione, *Prætor fideicommissarius* appelatus.

In universali fideicommisso tres personæ requiruntur : 1° *Fideicommittens*, qui relinquit fideicommissum : 2° *Fiduciarius*, is est heres cui injungitur ut hæreditatem sibi relictam restituat ; 3° *Fideicommissarius*, is est cui hereditas restituitur.

Fideicommissum est vel *expressum* vel *tacitum* ; expressum quandò verbis expressis et disertis alicui injungitur ut hæreditatem ejusve partem restituat ; tacitum quandò restituendi non fit mentio et tamen hæres quâdam re tenetur, unde colligi potest ab eo restituendum esse.

Quicumque vult testamento fideicommissum relinquere necesse omnino est ut ille heredem instituat eumque roget ut hæreditatem alii restituat ; Videmus infrà (§ 10), ut etiam ab intestato fideicommissum relinqui potest.

Non tantùm pure aut sub conditione, verum etiam ex certo die aut in diem relinqui potest fideicommissum universale ; hoc legatis et fideicommissis rerum singularum commune ; sed hereditas ita dari non poterat, nam nemo potest pro parte testatus pro parte intestatus decedere.

Est hæc regula juris antiqui : *qui semel heres extitit non potest desinere heres esse*, quod actiones heredis avulsas et translatas fuisse fideicommissario impediebat ; nec heredis loco erat nec legatarii. Non ab illo, vel contra, cui tota hereditas vel pars ejus reddita erat omnes actiones, quæ jure civili heredi et in heredem competunt, sed à fiduciario vel contrà exercebantur ; tamen iniquum erat à fideicommissario non onera partis suæ hereditatis inferri. Olim igitur nec heredis loco erat, ut diximus, nec legatarii, sed potius emptoris. (In Gaïo comm. §2 ; 252) Sed, posterioribus temporibus, aliquando heredis, aliquando legatarii loco habebatur, is est insignis modus juri civili duobus senatusconsultis, Trebelliano et Pegasiano, allatus.

Senatusconsultum Trebellianum cautum est ut quæ actiones in heredem competentes darentur in eum cui hereditas ex fideicommissi causâ restituta sit ; sic timor heredum sublatus est cum timore incommodi nec magis, metu litium aut prætextu metùs, hereditatem recusaverunt, quod testamentum destitutum faciebat eâdemque causâ fideicommissum (Dig. 36, § 1, 2, f. Ulp.). Autem actiones non directæ sed *utiles* fideicommissario, aut in fideicommissarium a prætore data sunt ; quæ actiones, restitutâ hereditate, non sun utiles heredi, nam poterit se defendere contra creditores hereditatis per exceptionem *restitutæ hereditatis*.

Senatusconsultum Trebellianum fideicommissarium loco heredis posuit; Pegasianum loco legatarii; prius transtulit hereditatis onera in eum cui ex fideicommisso restituta erat hereditas, posterius heredem ad adeundam hereditatem spe emolumenti invitat. Igitur fiduciarius quartam partem hereditatis retinebit, enim senatusconsultum Pegasianum tantum valet fideicommissis quantùm lex Falcidia legatis. Illud commodum heredis fiduciarii semper prudentibus appellatum fuit vel *beneficium legis Falcidiæ*, vel *quarta*, vel *Falcidia*.

Siquidem non plus quam dodrantem hereditatis scriptus hæres rogatus sit restituere, tunc locus senatusconsulti Trebelliani et pro rata parte actiones dividuntur; sed si plus quam dodrantem tenetur restituere, hoc casu, intelligimus senatusconsulti Pegasiani utilitatem. Quid futurum sit heres totam hereditatem restituens? hæres habebit actionem emptæ et venditæ hereditatis. Sed si recusat adire hereditatem quòd sibi videtur suspecta vel periculosa, quid juris? Jussu Prætoris accepta est et restituta hereditas et in eum qui recepit, actiones dantur perinde ac si ex Trebelliano senatuscousulto restituta fuisset.

Papinianus stipulationes ex senatusconsulto Pegasiano descendentes captiosas appellat, sine dubio quia poterant et heres et fideicommissarius decipi.

Tandem Justinianus utrumque senatusconsultum Trebellianum et Pegasianum veluti in unum conflavit. Voluit nempè ut in posterum pro uno senatusconsulto haberentur, et abolito nomine senatusconsulti Pegasiani, tantùm *Trebellianum* vocaretur. Tunc ex uno senatusconsulto Trebelliano heres quartam vel quod quartæ deest, actiones, pro rata, retinere potuit; restitutaque tota hereditate actiones omnes in fideicommissarium transeunt, omniaque sine stipulationibus.

Potest fideicommissario injungi ut hereditatem sibi commissam alii restituat. Exempli gratiâ, Titius heres esto, sed rogo ut restituat hereditatem Mævio, Mævius eamdem restituat Sempronio et ità in infinitum.

Vel in testamento, vel in codicillis fideicommitti potest. Aliquandò accidit, quod moriens testamentum planè non condit sed hereditatem reliquit ab intestato, tunc sanè et fideicommissum ab heredibus ab intestato relinquere potest.

Fideicommissum in se nullam requirit solemnitatem, sed tantùm quinque testium præsentiam. Imò cùm testator, contemptâ omni aliâ probatione scripturæ vel testium, solæ fidei heredis committat ut hereditatem restituat, Justinianus jurejurandum, si neget sibi id injunctum esse, heredi deferri jussit à fideicommissario, si priùs ipse *de calumnia* juraverit. (Inst. ℥ ultim).

Code Napoléon.

Quelles sont les diverses hypothèques légales ? Exposition des règles concernant celle de la femme mariée.

I. — *Origine du système hypothécaire. Caractères généraux de l'hypothèque.*

L'hypothèque fut de tout temps une des institutions les plus généralement établies. On la rencontre chez tous les peuples civilisés, chez toutes les nations qui se sont fait gloire de posséder une législation sérieuse.

L'hypothèque, en effet, dut se présenter tout naturellement à l'esprit des législateurs. C'est pour cela que si nous ne trouvons point dans tous les pays le système hypothécaire parfaitement établi, du moins l'y trouvons-nous sous une forme quelconque. C'est que chez tous les peuples il y a eu des droits à garantir, des transactions à favoriser ; partout on a senti la nécessité de garantir la dot de la femme , et partant l'intérêt de la famille, contre les malversations ou les fausses spéculations du mari ; les biens du pupille contre la mauvaise administration du tuteur. L'intérêt même du commerce exige une garantie, un lien solide qui rattache le débiteur à son créancier. C'est le moyen d'assurer le crédit public.

La Grèce eut la première idée d'un système hypothécaire , qui se développa plus tard, à Rome, sous l'influence du Droit Prétorien , pénétra en France , dans les pays de droit écrit , et enfin , arriva à se régulariser et à former un tout uniforme et complet dans la grande codification des lois Françaises.

Le système hypothécaire des Grecs consistait dans un moyen d'inscription éphémère et grossier ; on établissait la publicité de l'hypothèque, à Athènes, par de simples colonnes, placées sur la limite du champ hypothéqué ; sur ces colonnes se trouvaient inscrites les obligations du propriétaire.

On retrouve ce même système à l'origine des lois Romaines. Les décemvirs l'avaient sans doute apporté de la Grèce, mais il ne put longtemps suffire aux besoins d'un état considérable. Du reste, par sa trop grande publicité, ce système ruinait le crédit des débiteurs. Mais les Romains tombèrent dans un excès contraire ; en enlevant à l'hypothèque sa publicité, ils portèrent atteinte aux droits du créancier.

L'hypothèque pénétra en France infectée du vice de clandestinité. Elle le conserva longtemps, malgré les diverses tentatives qui furent faites pour obvier à cet inconvénient. L'édit de 1581 créa le contrôle des actes, sous peine de la perte du droit d'hypothèque ; mais ce ne fut pas une large réforme apportée au système hypothécaire, ce ne fut qu'une mesure purement fiscale. Il faut arriver à l'édit de 1673, rendu par Louis XIV, à l'instigation de Colbert, pour rencontrer les premières bases de la publicité des hypothèques. Cet édit portait établissement des greffes et enregistrement des oppositions, pour conserver la préférence aux hypothèques. L'étendue de mon cadre ne me permet point de parler de la loi du 27 septembre 1790, qui établit la transcription aux greffes des tribunaux des grosses de contrats d'aliénation ou d'hypothèque ; ni de la loi du 9 messidor an III, qui créa la publicité de l'hypothèque, mais qui laissa subsister d'anciens abus.

La loi du 11 brumaire an VII vint enfin nous doter du système hypothécaire auquel le Code a voulu déroger, en ne maintenant la nécessité de la transcription que pour les aliénations à titre onéreux, mais qu'une loi récente, la loi du 23 mars 1855, sur la transcription, vient de rétablir dans ses trois principes fondamentaux :

1° Spécialité de l'hypothèque ;

2o Publicité par l'inscription ;

3o Nécessité de la transcription pour la transmission de la propriété à l'égard des tiers, soit à titre gratuit, soit à titre onéreux.

Je ne ferai qu'indiquer les caractères généraux de l'hypothèque pour arriver au développement de mon sujet.

1o L'hypothèque confère un droit réel sur la chose, c'est-à-dire le droit de la suivre dans quelques mains qu'elle passe (art. 2114).

2o Elle ne s'attache qu'aux immeubles ;

3o Elle est indivisible, c'est-à-dire que la portion la plus minime de l'immeuble hypothéqué est grevée de la totalité de l'hypothèque, *est tota in toto et tota in qualibet parte.*

L'hypothèque est légale, judiciaire ou conventionnelle. Elle est *légale* lorsqu'elle résulte de la loi (2117). Toutes les hypothèques sont bien légales, en ce sens que c'est la loi qui règle les conditions de leur existence, mais on les appelle spécialement légales, parce qu'elles dérivent de la seule force de la loi, sans qu'aucune convention, ni aucun acte judiciaire vienne leur donner naissance.

L'hypothèque *judiciaire* est celle qui résulte des jugements ou actes judiciaires.

Enfin l'hypothèque est *conventionnelle* lorsqu'elle dépend des conventions et de la forme extérieure des actes et des contrats. (Art. 2117).

II. — *Quelles sont les diverses hypothèques légales ?*

Le Code définit l'hypothèque légale celle qui résulte de la loi. La loi, en effet, par une fiction, suppose qu'il y a eu une convention tacite entre les parties et accorde cette hypothèque à défaut de stipulation formelle. Cette classe d'hypothèques est toute privilégiée ; elle jouit d'une étendue que la loi n'a pas accordée aux hypothèques conventionnelles.

L'art. 2121 énumère trois sortes d'hypothèques légales : la première est celle que la femme a sur les biens de son mari pour la conservation de ses droits matrimoniaux ; la deuxième celle des mineurs et des interdits sur les biens de leur tuteur ; la troisième celle de l'Etat, des communes et des établissements publics sur les biens des receveurs et administrateurs comptables.

Cette énumération n'est pas complète; en effet : 1o le légataire a une hypothèque légale sur les biens de la succession ; 2o les priviléges dégénèrent en simple hypothèque lorsqu'ils n'ont pas été inscrits dans les délais voulus par la loi (art. 2113).

III. — *Hypothèque légale de la femme mariée.—Droits et créances garantis par cette hypothèque. — Quels biens elle frappe.*

A Rome, l'hypothèque de la femme mariée sur les biens de son mari n'était point légale dans le sens de la loi moderne ; elle devait être formellement stipulée ; car, faute de stipulation, elle ne conservait contre les créanciers de la femme, pour le recouvrement de sa dot, qu'un privilége personnel. Justinien accorda à la femme une hypothèque tacite, mais il voulut trop la favoriser en opposant son droit de préférence aux créanciers hypothécaires du mari, antérieurs en date et privilégiés. (Novelle 97, C. 2).

L'art. 2121 n'a pas maintenu cette disposition inique de la loi romaine; mais il laisse subsister l'hypothèque légale de la femme sur les biens de son époux pour la sûreté de ses apports matrimoniaux, hypothèque que la femme peut seulement opposer aux créanciers de son mari postérieurs au mariage. Ainsi se trouvent conciliés les intérêts de la femme et ceux des tiers.

L'hypothèque légale, en France, est accordée aux femmes mariées sous le régime de la communauté comme aux femmes mariées sous le régime dotal. A Rome, où le régime dotal seul était connu, il y eut à distinguer les biens dotaux des biens paraphernaux; la femme pouvait exercer son droit de préférence quant à tous ses biens dotaux ou extra-dotaux, mais elle ne pouvait l'opposer aux créanciers antérieurs au mariage que par rapport à ses biens dotaux seulement.

Avant d'énumérer les biens que frappe l'hypothèque légale de la femme mariée, j'examinerai quel sera le sort de l'hypothèque si le mari a reçu la dot et que le mariage soit rompu. L'hypothèque légale est attachée au fait du mariage (art. 2135); il faut donc que la femme soit mariée pour qu'elle puisse profiter de l'hypothèque que lui confère la loi. Un tel principe, pris à la lettre, favoriserait trop la fraude pour qu'on pût l'admettre rigoureusement dans tous les cas; la bonne ou la mauvaise foi du mari qui a reçu la dot, devra servir à déterminer la solution de cette question.

Une femme étrangère, mariée en pays étranger à un Français, jouit-elle de l'hypothèque légale? On ne saurait appuyer la négative que sur l'art. 2128 qui énonce que les contrats passés en pays étranger ne peuvent donner hypothèque; mais, nous, qui rattachons l'hypothèque légale à la célébration du mariage, et non au contrat, nous résoudrons cette question affirmativement.

Le mariage putatif lui-même, si la femme est de bonne foi, produit une hypothèque.

—L'hypothèque légale protége tous les droits et créances que la femme peut avoir à exercer en sa qualité d'épouse, à quelque titre que ce soit, sous le régime de la communauté comme sous le régime dotal; ses apports matrimoniaux, les droits et reprises de ses gains nuptiaux, les intérêts et frais de la dot, les paraphernaux, si le mari en a eu la jouissance durant la mariage, jouissent de cette garantie. C'est ce qui résulte évidemment de la généralité des termes de l'art. 2121.

Elle s'étend sur tous les immeubles présents et à venir du mari, sauf les exceptions des art. 2140, 2141.

— Que déciderons-nous à l'égard des *conquets* de communauté? Pas de difficulté lorsque les immeubles n'ont pas été aliénés par le mari; la femme renonce ou elle accepte; si elle renonce, elle a hypothèque sur les conquêts de la communauté, car le mari en a toujours été propriétaire; si elle accepte, son hypothèque ne porte que sur les immeubles tombés dans le lot du mari.

Mais si les immeubles ont été aliénés par le mari durant la communauté, à la dissolution du mariage, si la femme accepte la communauté, elle ratifie, par là même, les aliénations du mari, elle perd son hypothèque sur les immeubles aliénés.

Quid si elle renonce ? Grande divergence entre les auteurs et la jurisprudence. Celle-ci veut que la femme conserve l'hypothèque sur les biens aliénés par le mari, parce que, dit-elle, la femme renonçante étant réputée n'avoir jamais été commune, le mari a toujours été propriétaire ; c'est aussi l'opinion de M. Troplong.

La doctrine est presque unanime à repousser cette décision de la jurisprudence. Voici ses motifs : Dire que la femme renonçante est censée n'avoir jamais été commune, c'est établir un principe arbitraire qui n'est écrit dans aucune loi. La femme a été bien et dûment commune ; aucune renonciation de sa part ne peut détruire ce qui a existé. Admettant donc la communauté, même dans le cas de renonciation, la doctrine raisonne ainsi : le mari était administrateur des biens de la communauté ; donc les immeubles sont censés avoir été aliénés comme biens de communauté; or, la femme n'a pas d'hypothèque sur les biens de la communauté.

La femme dont le mari est membre d'une société de commerce, n'a pas d'hypothèque pour ses conventions matrimoniales sur les immeubles de cette société. La loi, en effet, ne lui accorde une hypothèque que sur les biens appartenant exclusivement au mari et, tant que la société n'est pas dissoute, les biens qui composent la société n'appartiennent point aux sociétaires, mais à la raison sociale; ils forment le patrimoine social.

Lorsqu'un immeuble, soumis à l'hypothèque légale, est échangé, il y reste soumis dans les mains du tiers-détenteur. L'hypothèque, selon Domat, s'étend même aux deux héritages échangés. D'un côté, l'immeuble sorti du patrimoine du mari reste hypothéqué tant que l'acquéreur n'a point purgé ; de l'autre, l'immeuble reçu en échange a été saisi par l'hypothèque du moment où il est devenu la propriété du mari.

On décide généralement que, dans les cas exceptionnels prévus par les articles 952 et 1054, la femme acquiert une hypothèque *irrévocable* sur des biens qui n'appartiennent au mari que sous condition *résolutoire*.

Si le mari a vendu un de ses immeubles *à réméré*, avant le mariage, a femme n'a aucun droit sur cet immeuble, car l'hypothèque ne peut frapper les biens du mari qu'à mesure qu'ils entrent dans son patrimoine ; or, pour la femme, l'immeuble dont il s'agit, est censé n'y être jamais entré ; le droit de la femme ne s'ouvrira que lorsque le rachat sera effectué.

— La femme peut-elle céder son hypothèque légale ou y renoncer en faveur des tiers ? Pour résoudre cette question, il faut distinguer entre la femme commune et la femme mariée sous le régime dotal. Une femme mariée sous le régime dotal ne pourra jamais céder son hypothèque légale, car le fond dotal est inaliénable, et cette renonciation constituerait une véritable aliénation. Mais il ne faut pas douter que la femme commune ne puisse y renoncer. En effet, la femme mariée sous le régime de de la communauté a le droit de disposer de ses immeubles ; comment donc lui refuserait-on le droit de céder une hypothèque ou de consentir seulement une priorité de rang à un tiers ?

IV. — *Du rang, de l'inscription, de la restriction, de la purge de l'hypothèque légale de la femme mariée. — Son extinction.*

Il n'existe que deux hypothèques qui donnent un droit de préférence indépendamment de toute inscription : l'hypothèque des mineurs et interdits, l'hypothèque de la femme mariée. Placées sous l'influence d'autrui, ces personnes eussent presque toujours négligé de faire des actes conservatoires de leurs droits. On comprend qu'il eût été, du reste, sous un autre rapport, imprudent de les astreindre à la formalité de l'inscription, si l'on songe que l'hypothèque porte toujours atteinte au crédit des débiteurs et que, conséquemment, placés sous leur influence, les femmes et les mineurs, par les manœuvres du mari ou du tuteur, par la crainte de leur porter un préjudice réel, auraient presque toujours négligé de se conformer à la loi.

Je signalerai une différence essentielle entre le rang d'inscription de l'hypothèque des mineurs et celui de l'hypothèque des femmes mariées. L'hypothèque des mineurs n'a qu'une seule date, et cette date, malgré la contradiction qui existe entre les articles 2135 et 2194, doit être fixée par l'acceptation de la tutelle.

Le principe est différent en ce qui concerne l'hypothèque de la femme mariée ; son rang est déterminé par la date du jour dans lequel sont nées ou auquel remontent les différentes créances que la femme a contre son mari.

1o *Dot ou conventions matrimoniales* : (Le mot *dot* est pris ici dans un sens pratique, il désigne uniquement l'apport actuel, ce que le mari a reçu, *die nuptiarum.* Par *conventions matrimoniales*, la loi désigne les avantages que la femme a stipulés dans le contrat de mariage, tels que préciput, gains de survie etc). La plupart des auteurs enseignent, contrairement à l'opinion de M. Troplong, que l'hypothèque de la femme date pour toutes ces choses du jour de la célébration du mariage, et non du contrat de mariage.

2o *Restitution des sommes dotales provenant des successions échues à la femme durant le mariage ou de donations à elle faites pendant le même temps.*

L'hypothèque prend rang du jour de l'ouverture de la succession ou du jour que les donations ont eu leur effet.

3o *Restitution des sommes payées par la femme pour dettes qu'elle a contractées avec son mari envers un tiers.* L'hypothèque prend rang du jour où la dette a été contractée par la femme et son mari envers ce tiers créancier.

4o *Restitution des sommes provenant de la vente des propres de la femme, lorsqu'il n'y a pas eu remploi.* L'hypothèque prend rang du jour même de la vente.

L'énumération de l'art. 2135 n'est pas complète : si le mari avait dégradé les propres de la femme, s'il avait touché des sommes paraphernales, la femme aurait une créance ; or, toute créance de la femme est hypothéquée. (Art. 2121). Quant au rang de ces hypothèques, nous invoquerons toujours ce principe, que le rang de l'hypothèque de la femme est déterminé par la date du jour auquel sont nées ou auquel remontent les différentes créances que la femme a contre son mari. Dans ces cas, donc, le rang de l'hypothèque sera déterminé par la date de l'événement.

La loi a dispensé la femme de l'inscription hypothécaire, non-seulement durant le mariage, mais encore après sa dissolution. Quelle que soit la rigueur de cette règle, il faut l'admettre, car la loi ne distingue point.

Mais ce privilége n'a été introduit qu'en faveur des femmes et des mineurs ; ce n'est qu'en considération de leur situation que cette dispense a lieu. La loi qui se montre si protectrice des intérêts de la femme, devait aussi veiller aux intérêts des tiers et ne pas tomber, à leur égard, dans les errements du vieux Droit Romain, c'est-à-dire dans la clandestinité des hypothèques. Les mesures protectrices de l'intérêt des tiers sont écrites dans l'article 2136.

Que trouvons-nous dans l'art. 2136 ? L'obligation pour certaines personnes de requérir l'inscription, la faculté simplement pour les autres.

Sont obligés de requérir l'inscription :

1° Le mari, sous peine d'être réputé stellionataire, et, comme tel, contraignable par corps, « lorsqu'il a consenti ou laissé prendre des hypothèques ou priviléges sur ses immeubles, sans déclarer expressément que lesdits immeubles étaient affectés à l'hypothèque de la femme. » Mais le mari échapperait à la peine du stellionnat, s'il était de bonne foi. Les mots *laissé prendre* de l'art. 2136 ont donné lieu à des dificultés ; j'exposerai oralement les divers systèmes.

2° A défaut du mari, le procureur impérial près le tribunal de première instance du domicile du mari ou du lieu de la situation des biens

Ont la faculté de requérir l'inscription :

1° Les parents du mari ;

2° Les parents de la femme ;

3° La femme elle-même.

Les formalités requises par la loi pour l'inscription de l'hypothèque de la femme sont plus simples que celles exigées pour l'inscription de l'hypothèque conventionnelle.

Il suffira de deux bordereaux contenant (art. 2153) :

1° Les nom, prénom, profession, domicile réel de la femme et le domicile qui sera par elle, ou pour elle, élu dans l'arrondissement ;

2° Les nom, prénom, profession, domicile ou désignation précise du débiteur (le mari);

3° La nature des droits à conserver et le montant de leur valeur quant aux objets déterminés, sans être tenu de le fixer quant à ceux qui sont conditionnels, éventuels ou indéterminés;

4° La spécialité de l'inscription si elle avait été restreinte à certains immeubles (art. 2140-2141).

— Une femme ne peut pas, par contrat de mariage, renoncer *pour le tout* à son hypothèque légale; l'art. 2140 contient cette règle dans sa dernière disposition : « Il ne pourra être convenu qu'il ne sera pris aucune inscription. » Tronchet, Cambacérès, le premier Consul, soutinrent, lors des travaux préparatoires, cette opinion contre Treilhard et la firent triompher. Le premier Consul observait, avec raison, que, s'il en était autrement, les renonciations deviendraient de style et qu'ainsi les femmes seraient privées de leurs garanties.

Mais la loi aurait anéanti le crédit du mari si elle avait, dans tous les cas, ordonné la généralité de l'hypothèque, résultat injuste dans les cas où la femme possèderait une dot médiocre entièrement hypothéquée sur une fortune considérable. En résumé, la loi autorise la *restriction* et prohibe la *renonciation*.

La restriction de l'hypothèque, peut être stipulée par le contrat de mariage ou demandée avant le mariage.

1re Hypothèse. — La restriction de l'hypothèque est stipulée par contrat de mariage.

Pour stipuler la restriction de l'hypothèque, les futurs époux, d'après la loi, doivent être majeurs. Néanmoins tout le monde convient qu'il n'est pas néeessaire que le mari le soit, car c'est dans son intérêt que cette restriction s'opère.

Ainsi, si les futurs époux conviennent qu'il ne sera pris d'inscription que sur tels ou tels immeubles désignés, l'hypothèque demeure restreinte aux immeubles désignés.

2e Hypothèse. — La restriction de l'hypothèque est demandée pendant le mariage.

La renonciation absolue de la femme mariée à son hypothèque légale, ne pouvant avoir lieu par le contrat de mariage, alors que la femme n'est pas encore sous la dépendance de son mari, devait être, à plus forte raison, prohibée *constante matrimonio*. Néanmoins, les mêmes raisons existaient pour en permettre la restriction durant le mariage. Je suppose, en effet, que le mari qui a accordé à sa femme une hypothèque générale sur une fortune immobilière, qui dépasse de beaucoup les droits et créances de l'épouse, vienne à se lancer dans une entreprise lucrative ; la généralité de l'hypothèque rendra les rapports du mari avec les tiers très difficiles sinon impossibles. Il fallait donc, durant le mariage, pouvoir transformer l'hypothèque générale en hypothèque spéciale, mais, dans ce deuxième cas, la loi devait entourer cette faculté de beaucoup de sûretés, afin de protéger la femme contre les séductions ou les influences du mari. Aussi exige-t-elle d'abord que l'hypothèque soit demandée en justice. Les juges l'accorderont si les conditions suivantes ont été remplies :

1o Si l'hypothèque n'a pas été restreinte dans le contrat de mariage 2144 - 2143 (arg. tiré de ces mots : *pourra pareillement.)* ;

2o Si la femme consent à la restriction et qu'elle soit majeure (art. 2144);

3o Si la valeur des immeubles du mari excède notoirement la fortune actuelle et future de la femme ;

4o Si les quatre plus proches parents de la femme ont été consultés sur l'opportunité de la restriction. (Cette opinion n'enchaîne pas le juge, elle est simplement demandée à titre d'avis).

5o Si la demande est formée contre le procureur impérial.

Mais la femme, sans le besoin de ces formalités, serait censée renoncer à l'hypothèque, en intervenant au contrat de vente d'un immeuble de son mari ou en s'obligeant solidairement avec lui.

Il me reste, pour épuiser cette section, à parler du mode de purger l'hypothèque légale de la femme mariée, quand il n'existe pas d'inscription sur les biens du mari. Je ne parlerai que de ce cas, car, dans celui où l'hypothèque est inscrite, on rentre dans la procédure ordinaire, dont les règles sont tracées aux articles 2181 et suivants.

Mais le détenteur d'un immeuble peut se trouver dans cette situation :

posséder un immeuble grevé d'hypothèques légales inscrites, et d'hypothèques légales non inscrites : pour se libérer des unes et des autres, il doit remplir en même temps les formalités de la purge ordinaire, et les formalités spéciales de la purge des hypothèques non inscrites.

L'acquéreur d'un immeuble grevé d'une hypothèque légale, doit rendre public son titre d'acquisition pour se mettre en garde contre les hypothèques occultes. Il arrivera, souvent même, que l'acquéreur ne connaîtra pas la femme. Mais par cette publication elle, ou ses représentants, seront mis en demeure d'inscrire dans le délai de deux mois à dater de la publication.

A l'aide de quelles formalités le détenteur parviendra-t-il à la publicité de son titre ?

1o En déposant au greffe du tribunal civil de la situation des biens une copie, dûment collationnée avec le greffier, de son titre d'acquisition ;

2o En notifiant le dépôt à la personne même de la femme et au procureur impérial; je dis à la personne même de la femme, car si le dépôt était fait au mari, le but de la loi serait manqué; le mari pouvant être intéressé à ne pas prendre inscription, dans la crainte d'une éviction, pourrait fort bien garder par devers lui la notification ;

3o En faisant afficher et exposer pendant deux mois, dans l'auditoire du tribunal, un extrait du titre d'acquisition contenant les nom, prénom, profession et domicile des parties, la désignation et la nature de l'immeuble, ainsi que le prix et les autres charges de l'acquisition. Par ces affiches, les personnes qui ont qualité pour prendre inscription sont mises en demeure.

— L'hypothèque légale de la femme mariée s'éteint par la confusion, par la restitution de la dot. L'hypothèque n'étant que l'accessoire suit le sort du principal, mais l'anéantissement d'une partie de l'obligation principale ne saurait anéantir l'hypothèque en partie. C'est un principe général que l'hypothèque est de sa nature indivisible ; *est tota in toto et tota in qualibet parte.*

La deuxième cause d'extinction de l'hypothèque, c'est la renonciation du créancier à l'hypothèque.

Nous rencontrons une troisième cause dans la prescription. La prescription ne saurait courir durant le mariage contre la femme en faveur du mari (art. 2253); mais pourrait-elle courir en faveur du tiers-détenteur de l'immeuble hypothéqué? Non, car l'action que la femme intenterait contre le tiers détenteur réfléchirait contre le mari (art. 2256). Mais rien n'empêche que la prescription ne coure, après la dissolution du mariage, en faveur des tiers. Dès lors, si le tiers détenteur a fait transcrire le contrat de vente, l'immeuble deviendra libre de l'affectation, lorsque dans les dix ou vingt ans il n'aura été pris aucune inscription.

La quatrième et dernière cause d'extinction de l'hypothèque légale de la femme mariée, se trouve dans l'accomplissement des formalités prescrites pour purger l'immeuble acquis.

Code de Commerce.

Lettre de Change.

Du protêt ; de la clause de retour sans frais.

Du Protêt. — Lorsqu'une lettre de change a été mise en circulation, le porteur est tenu de la présenter à l'échéance pour en demander le paiement. Dans le cas où la traite ne lui sera pas acquittée, il sera obligé de le prouver pour être admis à exercer son recours contre qui de droit. Comment fera-t-il pour établir cette preuve? Ce sera au moyen du protêt.

Le protêt est un acte qui, sans être de l'essence de la lettre de change, devient, dans certains cas, indispensable, du moins en France (1).

Son but n'est pas, ainsi qu'on pourrait le croire, de réclamer le paiement d'une lettre de change, encore moins d'ouvrir une instance judiciaire; le but immédiat du protêt est d'établir, d'une manière absolue, envers et contre tous, que l'*acceptation* ou le *paiement* n'ont pas été réalisés.

Donc deux sortes de protêt : le protêt faute d'acceptation, le protêt pour non-paiement ; le premier le plus souvent facultatif, le second presque toujours indispensable.

(1) Dans d'autres pays, en Angleterre par exemple, il en est autrement. Le besoin de ce moyen de preuve ne se fait pas sentir, car les banquiers y remplissent en quelque sorte le rôle d'officiers publics. De telle sorte que, lorsqu'ils sont chargés par les tiers de toucher quelques paiements, l'affirmation de non-paiement par eux faite équivaut à un protêt.

En général, avons-nous dit, le protêt faute d'acceptation est facultatif, mais il est des cas où on ne peut s'empêcher d'y recourir; c'est lorsque la traite est tirée à tant de mois ou de jours de vue. Alors, en effet, le protêt devient indispensable pour fixer l'échéance et en faire courir les délais.

Avant d'examiner en quel lieu et par quels officiers ministériels doit être fait le protêt, ses formes, les vices qui peuvent l'infecter, je me demanderai qui peut le requérir.

— Incontestablement, le porteur propriétaire de la traite; mais il en est de même du porteur mandataire, c'est-à-dire du porteur qui n'est tel que par suite d'un endossement irrégulier, ne valant, aux termes de l'art. 138, que comme *procuration*.

Le simple détenteur peut également faire protester. Quelques auteurs, M. Pardessus, entre autres, estiment que le simple détenteur ne peut faire protester qu'au nom du véritable propriétaire; tel n'est pas l'avis de M. Bravard-Verrières dont l'opinion est professée par M. Dufour. Cependant, ces derniers mêmes ne reconnaissent pas au simple détenteur le droit absolu de faire protester. Ils établissent une distinction; ainsi le tiré pourra répondre au porteur : Je ne veux pas vous payer parce que vous n'avez pas mission pour l'être, ou bien je ne vous paie pas parce que je n'ai aucune confiance dans le tireur. Dans la première hypothèse, si le tiré tombe en faillite deux ou trois jours après l'échéance, le porteur *propriétaire* ne sera pas admis à exercer un recours contre les endosseurs; dans la seconde, au contraire, il ne s'agit pas de la qualité du porteur, mais de celle du tireur lui-même et, dès lors, il est raisonnable d'admettre que le tiré eût fait au véritable propriétaire de la traite la réponse qu'il a faite au tiers-détenteur; donc il faudrait considérer le protêt comme valable.

— Le protêt (art. 173, § 2) doit être fait au domicile de celui sur qui la lettre de change était payable ou à son dernier domicile connu. Mais il peut arriver qu'une traite, tirée sur une personne habitant une certaine ville, soit payable chez une autre personne habitant une autre ville. Ainsi, par exemple, je tire une lettre de change sur *Primus* de Lyon, payable chez *Secundus* de Toulouse ; le protêt devant être fait le lendemain de l'échéance, la lettre de change dans ce cas, qui est un exemple de la traite *domiciliée*, ne pourra évidemment être payée qu'à Toulouse, au domicile de *Secundus*.

Un seul protêt dans beaucoup de cas ne suffira point.

Il résulte des termes de l'art. 173 que cet acte doit être fait encore au domicile des personnes qui sont indiquées par la lettre de change pour la payer au besoin. Ces personnes, qui ne sont que des tirés subsidiaires, chargés de solder la traite à défaut du tiré direct, sont désignées dans la pratique sous le nom de *besoins*.

Il doit être fait, ajoute encore l'art. 173, au domicile du tiers qui a accepté *par intervention*, car nous admettons que le porteur d'une lettre de change ne peut, en principe du moins, refuser une acceptation par intervention.

— Quels sont les officiers ministériels qui peuvent faire le protêt ? Rarement les notaires sont employés pour de pareils actes ; on a recours, presque toujours, au ministère des huissiers. Cependant, de ce que la loi laisse au porteur le choix entre le notaire ou l'huissier, nous tirerons cette conséquence, déjà établie en principe, c'est que le protêt est, avant tout, et seulement, un acte destiné à établir une preuve et non un engagement d'instance. Si l'huissier a fait un protêt nul ou a laissé la traite en souffrance, le porteur et les endosseurs seront admis à exercer une action en dommages-intérêts contre lui ; de plus, les notaires et les huissiers sont tenus, à peine de destitution, dépens, dommages, intérêts envers les parties, de laisser copie exacte des protêts et de les inscrire en entier, jour par jour et par ordre de dates, dans un registre particulier coté, paraphé et tenu dans la forme prescrite pour les répertoires.

— Encore, sur la solution de cette question quelles sont les formes du protêt, les vices qui peuvent l'infecter, nous invoquerons le principe que le protêt n'est pas un engagement d'instance, un ajournement, mais bien un acte ayant pour but la constatation d'un fait. Il faut donc, avant tout, établir le refus de paiement ; peu importent à la validité du protêt les motifs du refus. L'acte de protêt faute d'acceptation ou faute de paiement, doit contenir la transcription littérale de la lettre de change et des recommandations qui y sont faites, en outre, dans le cas où le protêt aurait été fait faute de paiement, la transcription de l'acceptation; la sommation de payer le montant de la lettre de change, la présence ou l'absence de celui qui doit payer, *les motifs du refus de payer* et l'impuissance ou le refus de signer. Quant à la nécessité de l'existence de ces formalités nombreuses, nous dirons qu'en règle générale l'omission de l'une d'elles n'entraînera pas la nullité de l'acte, pourvu qu'il soit possible de constater le refus de paiement. On peut du reste suivre la maxime *locus regit actum*.

— Le porteur est tenu de faire protester la traite le lendemain de l'échéance ; mais qu'arrivera-t-il s'il s'aperçoit que le titre est égaré? Dans cette situation, le porteur peut recourir au bénéfice de l'article 154, s'adresser à son endosseur immédiat, et d'endosseur en endosseur remonter jusqu'au tireur de la lettre. Mais ces divers recours entraînent des longueurs, le terme fatal de l'échéance approche et peut surprendre le porteur dans ses recherches ; c'est pour obvier à ce résultat que la loi lui accorde (art. 152) le pouvoir d'obtenir une ordonnance du juge en justifiant de sa propriété par ses livres et en donnant caution. Si le tiré refuse de payer, le propriétaire de la lettre de change perdue conserve, en vertu de l'ordonnance, tous ses droits par un acte de *protestation* revêtu des mêmes formes que l'acte de protêt et soumis à la même déchéance, s'il n'a point été fait le lendemain du jour indiqué pour le paiement.

Le protêt faute d'acceptation ne saurait dispenser le porteur du protêt faute de paiement; car, dans l'intervalle de l'acceptation à l'échéance, le tiré peut avoir reçu provision et par conséquent être disposé à payer. La mort du tiré, sa faillite n'en sauraient non plus dispenser le porteur.

Clause de retour sans frais.

Nous venons de voir que le protêt est indispensable, qu'aucun acte, sauf l'acte de protestation, ne peut le suppléer. Mais ne peut-on pas déroger à cette exigence de la loi par des conventions particulières ? Prenons un exemple : On me demande une traite sur un banquier de Paris que je ne connais pas ; je consens à souscrire cette traite, mais, comme j'ai lieu de craindre que le tiré ne fasse pas honneur à ma signature, et que je veux éviter ce préjudice, je mets au bas de ma signature ces mots : *retour sans frais*. J'avertis ainsi le porteur que, dans le cas où le tiré refuserait de payer, il ne fasse pas de protêt et qu'il me renvoie la traite pour que je l'acquitte.

La pratique consulaire a admis une telle clause qui peut ne pas avoir d'inconvénient lorsque la lettre de change n'opère qu'entre deux parties, mais qui, lorsqu'il y a des endosseurs, leur enlève toute sorte de preuve pour constater le non-paiement. Cette preuve ne peut résider pour eux, nous l'avons vu, que dans l'acte de protêt. Dès lors, dans le cas où plusieurs signatures couvriront la lettre de change, il sera utile de faire protester, sauf à payer des dommages-intérêts au tireur.

La clause de retour sans frais peut émaner du tireur ou des endosseurs eux-mêmes, sous cette double réserve, qu'émanant du tireur, la clause est obligatoire, à peine pour le porteur de payer les frais du protêt et même des dommages-intérêts assez considérables; qu'elle est, au contraire, facultative quand elle accompagne la signatnre de l'endosseur. Il en sera ainsi le plus souvent, car c'est surtout le but de mettre à l'abri l'honneur du tireur qui a introduit dans les usages commerciaux la clause de retour sans frais. On a long-temps hésité sur la question de savoir si on la tolérerait, et même le conseil-général des manufactures et du commerce a été d'avis qu'on devait la proscrire.

Dans la pratique, la clause de retour sans frais s'exprime en mettant sur la lettre les initiales R. S. F., ou même S. F. Cet usage peut amener de graves inconvénients, à cause de la difficulté d'empêcher ou de reconnaître les faux qui pourraient être commis.

Droit Administratif.

Attributions du pouvoir exécutif pur, en ce qui concerne les attributions et correspondances officielles et les réglements généraux d'ordre, de police et de sûreté publique.

Le pouvoir exécutif constitue l'action gouvernementale, et, selon qu'il gouverne ou qu'il administre, on l'envisage sous un double point de vue. On le divise en pouvoir exécutif pur et en administration active.

Je voudrais, avant de m'occuper du pouvoir exécutif pur, dans quelques-unes de ses attributions, déterminer exactement son centre d'action et dire, en peu de mots, en quoi il diffère de l'administration active.

Le pouvoir exécutif pur, appelé aussi par quelques auteurs pouvoir exécutif discrétionnaire, gouverne et n'administre pas; ses actes sont empreints d'un caractère de généralité; il plane au-dessus de tous les intérêts individuels; sous ce rapport il se rapproche du pouvoir législatif lui-même et diffère essentiellement de l'administration active. Il se confond même dans certains cas avec le pouvoir législatif, c'est dans le cas de *délégation*. Ainsi, en 1827, quand fut rédigé le Code Forestier, le pouvoir législatif autorisa le pouvoir exécutif à régler les matières de détail. Une ordonnance vint, en vertu de cette délégation, compléter les lois forestières.

C'est au pouvoir législatif à établir l'impôt; cependant, il arrive que, par une délégation, l'assemblée confère au pouvoir exécutif le droit de restreindre ou d'élever certaines contributions indirectes. Cette délégation a lieu en faveur des conseils généraux, et même des conseils municipaux, dans la répartition des impôts ou dans le vote des centimes additionnels, dans les limites fixées par la loi.

Mais ces actes ne sont pas de l'essence du pouvoir exécutif; c'est là une attribution du pouvoir législatif qui, en principe, peut seul faire les lois.

Les attributions du pouvoir exécutif ont été déterminées par la constitution du 14 janvier 1852, modifiée et complétée par le sénatus-consulte du 7 novembre 1852.

Le pouvoir exécutif pur fait des traités de paix, d'alliance, de commerce, des conventions diplomatiques. (Art. 6 de la Const.) Ce sont là des actes de souveraineté et non d'administration qu'il faudrait placer sur la même ligne que les actes du pouvoir législatif.

Les actes de haute police administrative, tels, par exemple, que l'expulsion d'un étranger, rentrent dans les attributions du pouvoir exécutif pur sans recours. (Art. 7 et 8 de la loi du 3 mai 1849.) Il faut encore rattacher à ce pouvoir l'extradition, l'examen des publications émanant de la cour de Rome, les brefs du pape, le droit d'annuler, pour *abus*, dans des cas déterminés, les actes du pouvoir ecclésiastique.

Le pouvoir exécutif pur fait des décrets : 1° Des décrets qui contiennent des réglements généraux sur des matières qui intéressent la sécurité et la salubrité publiques; 2° des décrets en exécution d'une délégation faite par le pouvoir législatif d'une partie de ses attributions; 3° des décrets pour assurer l'exécution de la loi.

— L'Empereur nomme à tous les emplois. (Art. 6 de la Const.) Toutefois il ne faut pas prendre cette disposition à la lettre.

D'après le décret du 25 mars 1852, le préfet peut nommer certains fonctionnaires, le maire peut également nommer à certaines fonctions municipales. Il n'appartient à personne de contrôler les nominations ou de recourir contre elles. (Cour de cass. 26 août 1831.)

Dans tout gouvernement fonctionnant à l'aide d'agents très-multipliés, l'obéissance aux ordres supérieurs doit être, de la part de ces fonctionnaires, une nécessité rigoureuse. L'action gouvernementale serait enrayée, paralysée, si tel fonctionnaire qui n'est qu'une doublure de l'agent administratif supérieur, pouvait se refuser à exécuter les ordres de son chef. Les procureurs impériaux doivent obéissance aux procureurs généraux dont ils ne sont que les substituts, et les procureurs généraux eux-mêmes sont tenus de se soumettre aux ordres du ministre. Du reste, l'autorité supérieure est responsable aux yeux du chef de l'Etat. L'agent inférieur doit donc se soumettre à une obéissance passive, exécuter promptement les ordres qui lui sont transmis, ou bien résilier ses fonctions.

Mais cette obéissance ne sera parfaite qu'à la condition que cet agent inférieur pourra connaître la façon dont son supérieur conçoit la loi.

C'est à cet effet qu'on dresse dans les ministères des instructions, des lettres, des circulaires qu'on envoie dans les départements, aux divers chefs de service. Ces instructions contiennent le mode qui paraît convenable au fonctionnaire supérieur pour l'exécution de la loi.

Elles doivent être exécutées dans toute leur étendue et avec la plus grande ponctualité. En 1841, une circulaire ministérielle avait ordonné le recensement des portes et fenêtres pour reconnaître les nouvelles maisons et répartir plus équitablement l'impôt des patentes. Mais à Toulouse, l'intention du gouvernement fut mal comprise, à raison d'une phrase imprudente du ministre qui disait *qu'il fallait tendre à faire produire à l'impôt le plus possible.* On cria de suite à l'augmentation de l'impôt; le préfet s'émut des résistances que rencontrait cette mesure; pour avoir voulu la suspendre, il fut immédiatement révoqué. Mais les instructions et correspondances officielles n'obligent les fonctionnaires que dans la sphère de leur fonctions. C'est ce qui est formellement décidé par un décret du 17 janvier 1814, qui porte que les opinions ainsi émises dans les actes ministériels ne font pas loi pour les citoyens et ne peuvent les enlever à leurs juges naturels. Si dans leur application les instructions blessent un droit privé, elles sont soumises à un recours.

Il y a deux sortes de réglements, les réglements généraux et les réglements spéciaux et secondaires.

Les réglements généraux forment une attribution du pouvoir exécutif pur ; les réglements spéciaux et secondaires appartiennent à l'administration active au premier chef. « Dans le premier cas, dit M. Chauveau, » les actes du pouvoir sont primordiaux, et généralisateurs ; dans le se- » cond cas, au contraire, les actes de l'administration sont secondaires et » spéciaux ».

Les réglements généraux sont les réglements de police, d'ordre, de sûreté, de salubrité publique. Ils comprennent la France tout entière, les départements, les communes, selon qu'ils émanent de l'empereur, des préfets ou des maires. Ces réglements généraux sont de véritables lois, des lois absolues. L'art. 471 du Code pénal punit d'une amende tous ceux qui ont contrevenu aux arrêtés légalement faits par l'autorité administrative, et ceux qui ne se sont pas conformés aux réglements ou arrêtés publics, portés par l'autorité municipale dans les limites de ses fonctions.

Quand un simple maire rend un arrêté dans l'étendue de ses attributions, c'est une loi exécutoire pour tous ses administrés. Cet arrêté rentre évidemment dans le pouvoir exécutif pur.

Il peut s'élever de graves difficultés au sujet de ces arrêtés du pouvoir exécutif pur ; il ne faut pas croire, par exemple, que le préfet, qui a le droit de suspendre un maire, puisse par là même intervenir à sa place et prendre un arrêté par rapport à un acte de pure administration locale. Je prends cette espèce : Un maire, durant les fortes chaleurs, néglige de faire arroser les rues, mais voici que le préfet l'ordonne ; son arrêté est-il légal? Nous n'hésitons pas à répondre qu'il ne l'est point, car aucune loi ne commande au maire de faire arroser ; c'est là une mesure laissée à son entière appréciation.

Il en serait autrement si l'intervention du maire était exigée par la loi. Lorsque l'agent des contributions directes se transporte dans un lieu pour y faire le recensement, la loi veut qu'il soit assisté du maire ; si le maire refuse de participer par sa présence aux opérations de l'agent, le préfet peut, à défaut du maire, nommer un délégué. Dans les cas où l'intervention du maire est exigée par la loi, si le maire refuse d'intervenir, on se passe de lui.

Donc, en règle générale, ni le préfet, ni l'Empereur, ne peuvent faire des décrets spéciaux pour telle ou telle ville. Ils peuvent, quand il s'agit, par exemple, de la sûreté ou de la salubrité, ordonner des mesures générales, l'Empereur, pour toutes les villes de France, le préfet pour tout le département, mais non pour une ville en particulier. La Cour de Cassation (27 janvier 1854) a rejeté un pourvoi contre une décision d'un tribunal de simple police qui avait jugé l'arrêté d'un préfet illégal, parce que ce fonctionnaire s'était immiscé dans une affaire de pure administration locale.

Mais le préfet a-t-il le droit de modifier l'arrêté du maire? Les arrêtés du maire ne sont exécutoires qu'avec l'approbation du préfet. Néanmoins, ce dernier, qui a le droit d'annihiler par un *veto* l'arrêté du maire, ne peut pas en retrancher ou y ajouter le plus petit article. Il ne peut pas le changer ou le modifier en partie; il ne peut qu'en empêcher purement et simplement la publication; à moins, bien entendu, et c'est le cas le plus fréquent, que le maire n'accepte les modifications et qu'il consente à publier l'arrêté ainsi modifié.

Cette Thèse sera soutenue, en séance publique, le 4 août 1855, dans une des salles de la Faculté.

Vu par le Président de la Thèse,

CHAUVEAU-ADOLPHE.

Toulouse, Imprimerie Troyes OUVRIERS REUNIS, rue Saint-Pantaléon, 3.

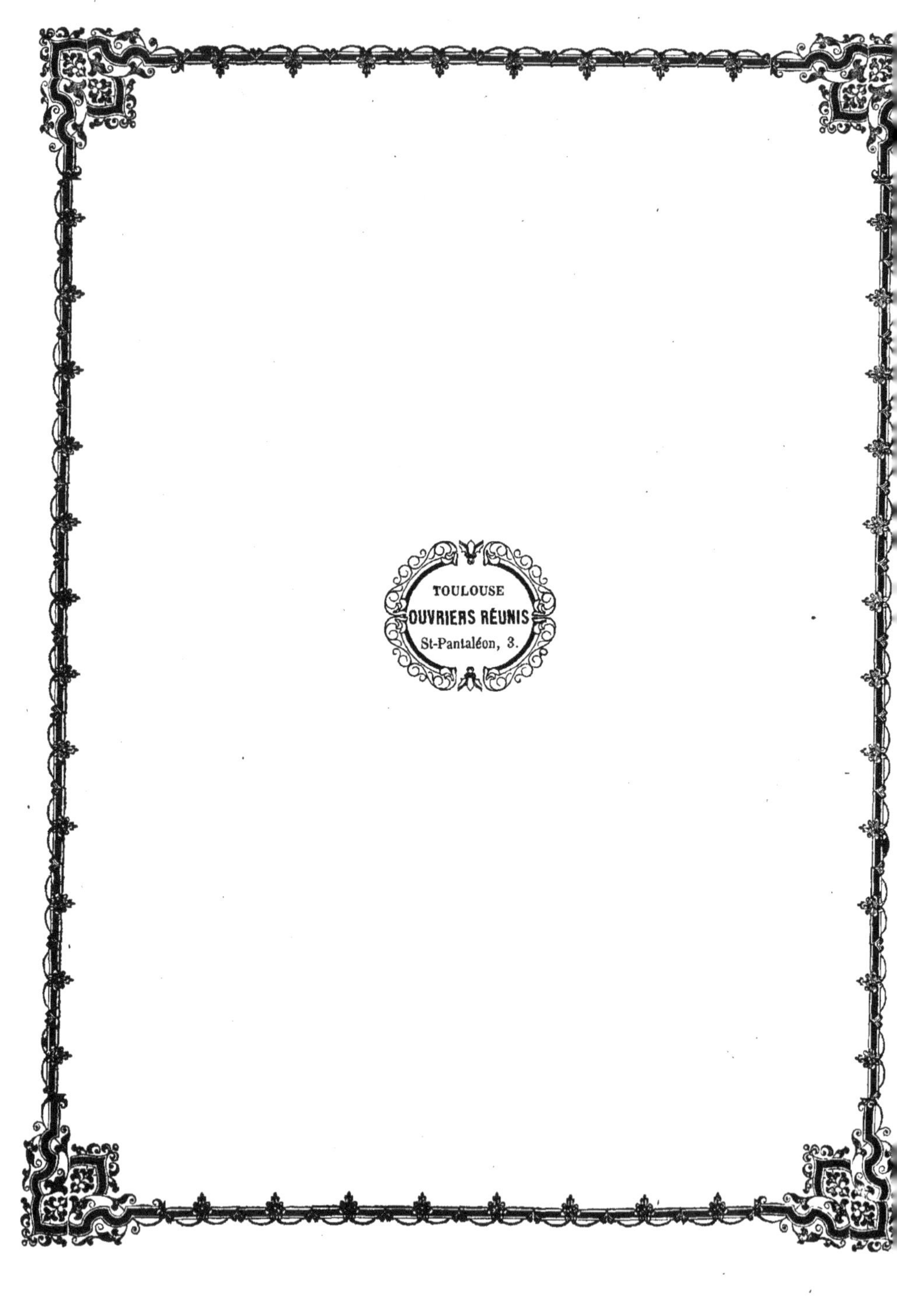
TOULOUSE
OUVRIERS RÉUNIS
St-Pantaléon, 3.

www.ingramcontent.com/pod-product-compliance
Ingram Content Group UK Ltd.
Pitfield, Milton Keynes, MK11 3LW, UK
UKHW020421220726
13923UKWH00005B/2093

9 782019 994211